LA PIEL
DEL ELEFANTE

Cristina Ricarte Amorós

COLECCIÓN ITES

LA PIEL DEL ELEFANTE

© Cristina Ricarte Amorós
© de esta edición: Olé Libros, 2024

ISBN: 978-84-10053-59-5
Depósito legal: V-2897-2024
Impreso en España

KALOSINI, S. L.
Grupo editorial **olélibros**
equipo@olelibros.com
www.olelibros.com

A Robert Gómez i Pérez
In memoriam

Duermes
debajo de mis párpados
ungido de luciérnagas
cuyo nombre ensueño sin esperanza

PRELUDIO

¿Qué es la escritura sino el modo más insidioso de querer dar con una misma? Las palabras son mentira, pero también son bellas, vacío que la nostalgia envasa para no decir nada. Tantos años sin escribir son muchos, por eso mi piel se ha vuelto de elefante y ya no sé si quiero ser la misma, como tampoco sé otras muchas cosas que mi metamorfosis me oculta. Pero yo la observo y estoy atenta a sus señales. Mi pensamiento ha estado roto tanto tiempo que pintaba en los cuerpos siluetas de palabras.

NÓMADAS DEL AGUA

Si alguna vez pensara el paraíso,
no volvería a confundir fronteras,
ni a escribir versos al tiempo o a la luz,
que a nadie dejan huella ni conmueven.

Sería olor a trigo y a montaña,
a tomillo y serpientes y a pétalos
y a la fruta que se escarcha en la boca,
cuando se dice la palabra amor.

Si alguna tarde pensara el paraíso,
crecería una flor en las alcobas
para que siempre me necesitaras.

Sería pan cortado por las manos,
dolor que no concierne a los sentidos
y un ápice de luz bajo la lluvia.

Pierdo poemas, a veces los encuentro en el fondo de la mochila, arrugados, destintados, apenas escritos en un papel intonso, inconclusos, paseantes, a vueltas con las llaves, el teléfono, el propóleo y la lista de la compra, lavados en el bolsillo de un pantalón, bolitas de poemas como si fuesen polillas de la memoria, la contradicción más semántica de mi mente. Seguramente, en esa geografía paralela de mi vaga conciencia, medito el fonema equivocado, seguramente sean el destino que me espera.

Abre la puerta del jardín de invierno
y entra en la habitación de techos altos,
decora las estancias de azafrán,
acomoda las bóvedas al viento
y empieza a presentir que llega el frío.

Comprende que, por eso, nuestros cuerpos
traicionan, a menudo, días lentos,
y la prisa de la luz de esta mañana
te empieza a recordar que ya envejeces.

Es tarde para esta música de olas, para este rumor agitado de círculos que guardan mi pensamiento, para este preámbulo de sueños que no tendré nunca. Tarde para la memoria, para la nostalgia encendida de la piedra, tarde para el obsceno inventario que la noche reclama.

A quién le importa si llega el otoño
y alguien me piensa deseando el calor
de esta hoguera de lirios en la sombra.

Brindo por la vulgar memoria de esos días
que soledad y deseo contuvieron
para que ahora sonría mansamente
y sea la elocuencia
el verso que pretérito te escriba.

Entonces no sabía que era el vértigo
también la luz cayendo en la montaña,
asomarse, antes de claudicar,
y descalzar un corazón
para dormirse sobre la tierra.

Una vez más todo es tristeza, todo arde para que tú no seas yo, para que no seas de nuevo la ternura que refleja mi rostro. Ya nadie me espera, simplemente soy sed, la morada del agua y su transparencia.

Siempre que tengo miedo
atesoro palabras
que ya nadie nombra
digo acullar y odre
legua o evolar
perlesía y zaguán
maravedí ábrego...
y así hago futurible
la nostalgia y entonces
escribo versos viejos
como polvo de musgo
en un desván de invierno
mueren también palabras
que desnudan quimeras
que póstumas esconden
este libro que siempre
estoy presintiendo.

El vacío debe parecerse mucho a una palabra rota.

Hay un secreto en mi corazón, un mueble viejo ocupando mucho espacio, archivos rojos y caballos verdes, cigarrillos a medias y cenizas otoñales, una casa de hiedra, un camino hacia el mar, una ortiga de ausencia y algunas palabras habitando en su olvido. Y, sin embargo, hoy he notado algo, como si una luciérnaga se posara en mi corazón de puntillas.

Premedito el silencio
y mi voz
se vuelve alevosía.

Una sola palabra basta
para no decir nada.

Ayer te oí decir
que te vencía el tiempo,
desde entonces, mi prisión es el tacto.

Sophisticated lady
o el álgebra de la voz.
El ámbito del aire se dignifica
abarcando el júbilo y la tristeza.

Le debo a la poesía
la estrategia del corazón
la táctica de sus decretos.

Cicatriza la noche
su lacerante olvido.
Soy adicta a los sueños
y a las caligrafías
y a cualquier artilugio
que haya perdido la voz
y a una página en blanco
para escribir silencio.

Salvo solo este verso del soneto,
voy a quemar el resto del letargo,
la métrica inconclusa de un encargo
que Amor dictó una vez tener secreto:

El mar acantilando sus naufragios............

Vaciarse
no ser
no sentir
que siempre te estás yendo

En la quietud de este instante infinito
soy luz que atraviesa tu luz
soy recuerdo ocre de tus manos
derramadas por los almendros
soy mirada de lechuza esta noche
de transparencias y silencio.

Una musa de pubis arqueado
mezcla mis versos de humo y tierra,
caligrafía mis palabras, ríe,
se desnuda ante mí, es una perra.

Pone ante mis ojos páginas de almendra,
grita en la noche cantos heavy metal,
me roba los silencios y me aterra
y se fuma mi hachís más especial.

Me recuerda cicatrices y nombres,
me alecciona, me ciega y me enamora,
planea, con cautela, mi destino.

Le recuerdo que nada es sin mí,
pues sospecho que, si más me quisiera,
antes de que anochezca habríamos muerto.

LAS DUNAS DE LA PIEL

Apenas sé que, si estás a mi lado,
se me vuelven los ojos transparentes
y, errantes por tu cuerpo, te señalan
el deseo que te amapola el vientre.

Adónde habré de ir para buscarte,
si cercana la lluvia de esta fiebre,
ardida entre mis manos presurosas,
se calcina de amor desde la frente.

Dame alas donde extender el vértigo,
declíname en las sábanas del frío,
cúmplase en mí con celo tu deseo.

Ya que fueres alquimia de los besos,
sea mi oscuridad una mentira,
la quiescente intención de los afectos.

Vuelve a ser invierno, no importa, lloverá de nuevo y los pájaros que tiemblan en las ramas entonarán el aire, dibujarán invisibles trazos de frío. Y yo me quedaré aquí, haciendo del calor un mantra que nos recordará siempre aquel invierno, encerrados en el pabellón del alquimista.

De todas las maneras
que sé de maldecir
solo se me resiste
la que guía al infierno
donde decretas la voz
que aúlla en los balcones
para poblar la tierra
de orgasmos de sirenas.

Verte desnuda es recordar la tierra.

Federico García Lorca, *Diván del Tamarit*.

Desnúdate ante mí, que caiga tu vestido como se despoja una sonrisa del labio que va a ser besado, que nada ciña tu cuerpo sino mis manos a punto de enredarse en el silencio de tus piernas, cuánta contemplación hay en el éxtasis, cuánto deseo en el descenso de mi saliva hacia tu vientre, cuánto anhelo el de mi lengua por no decir palabras.

Poco a poco, muy despacio, acércate luego hasta mí, deja que tu olor me roce, que se llene la alcoba del aroma que le ocultas al mundo, que sobrevenga el tacto como fuegos de artificio e incendie tu pubis, ingrávido por las llamas... Tan solo tu desnudez puede ya salvarme de tanta luz.

No habito otra pasión
a este lado del muro
que no venga de ti.

Eres hermosa
como una virgen lenta,
te respiro en la noche
y explico a las piedras
que tapiaron la casa
que nada existe
hasta que tú regreses.

Si veleidad es voluntad antojadiza o deseo vano, noluntad y nolición pueden nombrar el acto de no querer. Me pregunto por qué no te abracé cuando no podías dormir...

Miraba el fuego,
la insumisión del ámbar,
el quejumbroso pájaro
que ruboriza el frío.

Una diosa de invierno,
convertida en ceniza,
te habitaba los ojos,
volvías a ser lava,
exilio de la luz,
la callada ternura
que incendiaba la noche.

La manzana amarilla cayó del árbol rodó ladera abajo se precipitó hasta mi mano como la manzana de Newton para que yo la mordiera con discordia más tarde como si fuera la manzana de Eva toda una contradicción entre la física y la literatura que ni los filólogos más ceñudos han podido sacudir de sus pestañas. En ese momento preciso nos conocimos.

Filtros celestinescos, anclas para encallarte a las puertas, besos que emigraban como tiernas palomas de alabastro, el alcohol novicio de un caballo de arsénico, el amor rondando como un gato por la casa, la rosa mutilada de tu ausencia, los celos como leyes, la tarde inacabada de tus ingles, el arco de lujuria de tus pechos, la memoria infeliz de una cigüeña vieja, el asombro como un cinturón de castidad, el orgasmo más triste de tu cuerpo, el escorpión de oro de tus heridas, el réquiem secreto de mi pubis, el portazo del alma y sus cuatro llaves, el cetro de ternura y la corona de espinas, enero y sus blasfemias, todo lo que te adoro y te deseo...

Lamí tu corazón, comí tu cuerpo, me exilié, conjurando el amor por no nombrarte.

Sonrío,
alguna vez fui
soledad anticipada, amor.

Hubo un tiempo en que tu cuerpo me deseaba, me buscaba silencioso, me arrancaba la nostalgia, me cercaba, me bailaba, me mordía, me habitaba... Hoy, su claridad tiene la estéril belleza de la muerte.

Amanecerá pronto
será la luz alcoba de tu cuerpo
este fértil espacio que comprendes
transitando siempre el mismo sueño.

Yo quisiera nombrar el amanecer contigo, abrir el espacio del sueño a tu lado y besarte los labios largamente mientras se entregan a la risa. Lamería tus pechos de amapola cerrando los ojos a su luz, tan fuego, esclareciéndome, y la piel de tus brazos y tus piernas me harían invencible a la muerte que se libra por amor. No sería palabra tu cuerpo, ni tu pubis el idioma encriptado en un jadeo, ni versos acabados mis caricias, sino placer arrancado a la mañana, exiliándome de lo imaginario.

Posé mis ojos
en tu escote
para verte el corazón.

Como el aire rozaron tus pechos mi espalda como el viento
o palabras en mi piel como gota de lluvia en el calor de la
noche busqué tu voz la memoria de un gemido que alentara
mi vientre que la ofrenda de tus labios enmudeciera los míos
quise lloverme en ti y en la soledad de los parques te amé
inmóvil.

Alguien, alguna vez, despertó junto a mí, sujetándose a mis caderas como al ancho mundo. Alguien amaneció con mi aliento, con el tacto que no era ya el de la noche, se tocaba el sueño en los pezones, se desperezaba la piel y me estremezco al recordar la ternura con la que, una vez, alguien me besó el corazón tan largamente.

Círculos tus senos envaneciendo el aire, moras tus pezones prohibidos por la yerba redonda de la tarde, insomnio del agua tus caderas, rumor de alas en tus ojos contemplando el mundo. Fue el deseo el incienso que perfumaba la noche: todo en ti luna, astro poderoso, belleza que le sumé a mis días.

Volví a verte y, al cruzar la calle, pensé que el tiempo me miraba, su plata hiriente dejaba paso a un lamento: ya no me quieres como antes, amor.

Acuéstate a mi lado,
convenzamos al alba,
engañemos al tiempo,
diluyamos la luz
que queda en nuestros cuerpos,
derramados, felices,
despiertos como entonces,
ciegos a lo improbable
de estas sombras.

Entro en la ensoñación del viento: tus pechos como granadas abiertas por el sol de la tarde, tu pubis almendrado, tu espalda como ladera de montaña ascendida, la hierba de tu pelo, tu boca como cueva.

Amor mío, ¿Dónde la presencia? ¿Dónde el mito despojado de su luz? ¿Qué hacer con el inventario de las sombras, con el espectro de los besos, con el obsceno escalofrío que retuerce mi cuerpo y oscila mi ternura?

Ven, reconoce mi sangre sin pulso sobre la tierra húmeda, acaricia mis sienes y mis senos, vertebrados por el alba, déjate a mi intemperie, que la certeza de tus labios bese la memoria irrepetible del verano y confunda la nicotina de mi boca.

Hazme eterna un instante, desnuda de par en par mi alma, siente mi cuerpo como un río que meditara el agua.

Acaso tu vientre
sea una forma de eternidad
o un mapa donde los elefantes
escriban las dunas de su piel.

Ojalá la nostalgia te desmemorie
y no puedas mirarte en un espejo
y no puedas recordar que alguna vez
el vértigo aprendió a fingir amor
en la quietud del agua.

Me equivoqué al pensar
que duraría siempre
el amor de mis palabras
por las tuyas que siento
como polvo entre los dientes.

Entre la lucidez y el alba, entre el sueño rotundo y el cansancio, entrelazas tu mirada con la mía, al tiempo que mis ojos te interrogan: ¿qué piensas cuando me miras?

Detrás de todos los versos estoy hablando contigo, largamente, desde el fondo de la tierra, te hablo y escucho tu voz, desnuda, lenta, dolorida, para que no pueda nunca recordarme.

A mi madre

Antífona entre salmos cuya melancolía ensueña el corazón como palabra. El humus de la tierra fue tu cuerpo de luz en otro tiempo, amor insobornable de la risa.

ÍNDICE